www.ingramcontent.com/pod-product-compliance
Lightning Source LLC
Chambersburg PA
CBHW040835300326
41914CB00061B/1410
9781839901171